M. DE LAMARTINE ET M. BERRYER.

FRAGMENT POLITIQUE

PAR

LE BARON GUSTAVE DE ROMAND.

[illegible]

[illegible]

[illegible]

M. DE LAMARTINE ET M. BERRYER.

———————

M. de Lamartine et M. Berryer se partagent aujour-
d'hui, dans la chambre et dans le pays, la direction
politique des hommes les plus attachés autrefois à la
restauration, parce qu'elle leur semblait avoir mission
de renouer parmi nous la chaîne des temps, et d'établir
une heureuse harmonie entre nos mœurs nouvelles et
les anciennes traditions de la monarchie. Quand

1841

les ordonnances et les journées de Juillet éclatèrent comme un coup de foudre sur la tête de ces hommes trop méconnus, les uns se retirèrent de la vie publique et regardèrent passer les événemens qui brisaient leurs rêves d'avenir ; les autres subirent les exigences du parti vainqueur pour mieux le braver et le combattre ; d'autres, enfin, résolus de ne jamais se séparer de la destinée bonne ou mauvaise de leur pays, osèrent parler le langage de la raison et de la vérité, sans se proposer d'autre but que le bien public. M. de Chateaubriand, M. de Lamartine, et M. Berryer signalèrent ces trois mouvemens divers ; mais, par la tendance opposée de leur action, ces deux derniers étaient inévitablement appelés à l'antagonisme contre nature auquel nous assistons depuis quelque temps.

M. Berryer et M. de Lamartine ont un point de départ presque semblable ; c'est en résistant à des coalitions ; c'est en défendant les prérogatives de la couronne, qu'ils ont conquis tous deux leur puissance et leur renommée parlementaire ; tous deux regardent la monarchie comme la condition nécessaire et la seule base solide de l'ordre et de la liberté ! Comment donc, avec cette conformité de convictions et d'origine, ces deux hautes influences se combattent-elles en ce moment ? C'est qu'en 1830 M. Berryer, emporté par la chaleur et l'irrésistible entraînement de la lutte où il avait succombé, non sans gloire, inscrivit sur sa bannière : *Mal et destruction ;* tandis que M. de Lamartine, prit pour devise : *Améliorer.* Ainsi l'un s'est trouvé conduit à développer et à féconder les principes qu'il regarde comme les plus funestes, et l'autre au contraire put librement s'associer aux efforts des gens de bien pour faire prévaloir l'ordre, la morale et la liberté.

Entre les voies suivies par MM. de Chateaubriand, de Lamartine et Berryer il y a cette différence que les premiers montrèrent une résignation conforme à notre humaine infirmité, et que l'autre apparaît implacable comme une vengeance céleste qu'il est téméraire d'emprunter à Dieu.

Le gouvernement de juillet sollicita le concours de M. de Chateaubriand et de M. de Lamartine. M. de Chateaubriand pouvait retourner à la cour des successeurs de Léon X, représenter la France que M. de Lamartine eût continué à représenter dans la ville des Médicis ; mais ils résolurent de s'abstenir par respect pour de hautes infortunes et pour obéir, chacun dans une mesure particulière, aux convenances morales de leurs précédens et de leur âge. On vit alors M. de Chateaubriand se vouer à la glorieuse retraite que lui avaient préparée ses longs travaux et son génie, tandis que M. de Lamartine, trop jeune encore pour jouir des mêmes priviléges, brigua de ses concitoyens un mandat populaire, afin d'acquérir le droit de servir son pays.

M. de Lamartine, arrivé à la chambre des députés, siégea, au nom des intérêts généraux, à la droite de cette assemblée où siégeait seul alors M. Berryer, au nom du parti vaincu par les barricades de juillet.

Depuis 1789 jusqu'à nos jours, la droite de nos assemblées délibérantes a toujours représenté les principes, les vœux, et les nécessités monarchiques du pays; les principes et les convictions de M. de Lamartine devaient donc le conduire à droite, non pour continuer les erremens de ses devanciers, mais pour inaugurer la politique d'une droite nouvelle, qui se recruterait incessamment dans les nouvelles générations, et qui ferait fleurir, sous l'égide tutélaire de la royauté, la liberté et la démocratie, sans danger pour l'ordre public et sans cause d'affaiblissement pour notre nationalité.

La conduite de M. de Lamartine se trouvait donc toute tracée, quand les diverses minorités de la Chambre ourdirent, en 1838, une coalition contre la majorité homogène qui appuyait de ses votes le *ministère de l'amnistie:*

M. Berryer s'applaudit d'une intrigue qui favorisait, mieux que toutes ses paroles, le discrédit des

institutions contre lesquelles il ne cessait de protester
depuis huit ans ; M. de Lamartine vit dans ce fait
une altération profonde de la loi des majorités, et il
combattit à outrance cette déviation exagérée du
principe parlementaire, qui faussait dans son essence
le gouvernement représentatif, et tendait, au mépris
de la Charte, à ériger la chambre des députés en
une convention au petit-pied.

M. Berryer s'évertue à accréditer la doctrine qu'une
majorité quelconque de la Chambre des députés est
seule en possession de la souveraineté politique, et
qu'il dépend toujours d'elle d'annuler par un vote la
royauté et la pairie que ses votes ont constituées.

M. de Lamartine pense, au contraire, que la démocratie a détrôné sans retour l'aristocratie en 1830, mais,
que la chambre des députés n'aurait aujourd'hui ni
le droit, ni le pouvoir de substituer son omnipotence
absolue à l'omnipotence absolue rêvée pour la royauté
par les conseillers de Charles X ; il repoussa donc les
prétentions arbitraires et inconstitutionnelles de la
coalition, comme il aurait repoussé les prétentions
arbitraires et inconstitutionnelles des Ordonnances
de juillet.

Quiconque suivra par la pensée M. Berryer dans
tous les actes où il a été conduit par sa fausse situation, éprouvera une bien douloureuse surprise en

voyant ce merveilleux orateur prodiguer sans cesse les trésors de son éloquence, à soutenir ou à exalter les hommes et les principes qui sont les plus antipathiques à ses intérêts comme à ses sentimens.

Etrange système, en effet, de prétendre démontrer l'excellence de ses doctrines, en favorisant, dans leurs extrêmes abus, les doctrines les plus opposées! Etrange politique pour un homme d'état de renoncer à ses opinions, à son initiative, à toute espèce de spontanéité et de direction personnelle pour se transformer en instrument passif des idées révolutionnaires!

Quelle estime la révolution elle-même peut-elle faire d'un tel concours? peut-elle vous prendre au sérieux quand vous n'ouvrez la bouche que pour réhabiliter la convention et la propagande, ou bien pour adresser vos éloges les plus fastueux à ceux qui osent, à votre face, appeler vos amis *le parti de l'étranger?* N'est-ce pas le dernier degré d'abaissement pour un chef de parti que de dévorer en silence d'aussi cruels outrages? et nous ne croirons jamais que notre grand orateur ait pu subir sans désespoir ces inflexibles nécessités qui sont la plus éclatante condamnation d'un rôle indigne de lui!

Non, M. Berryer ne se résignera pas à de telles injures; il ne saurait se réduire à la triste condition d'avocat des haines ou des préjugés d'autrui.

Homme d'ordre et de liberté , il ne se condam-
nera pas à être toujours un instrument de ruine, ou
la négation stérile et impuissante d'une époque de
rénovation sociale. Certes, M. Berryer n'a point à
rougir d'avoir protesté contre l'atteinte qui fut portée,
en 1830, à l'inviolabilité des droit sacrés de la Couronne. Il est aussi beau de n'admettre qu'à la dernière extrémité une force de chose qui ébranle et re-
met en question toutes les lois fondamentales d'une
société, que d'être le précurseur de ces téméraires
expériences.

Telle est la nécessité de principe monarchique pour
l'existence de notre nationalité, qu'à moins d'être hors
d'état de comprendre son influence et ses bienfaits,
on ne peut méconnaître ce qu'il y a de saint et respec-
table dans la fidélité de la grande majorité des partisans
de la légitimité. Autant l'opposition légitimiste mérite
de considération quand elle reste fidèle à son caractère, autant elle s'avilit quand elle se traîne à la suite
des factions anarchiques, et qu'elle prend le masque
de la démagogie? C'est l'alliance des royalistes avec
les jacobins qui a conduit Louis XVI sur l'échafaud !
Les souvenirs de 1793 ne préserveront-ils pas les
générations actuelles de la tactique déplorable qui
attira, sur la tête de nos pères, tant d'horribles ca-
lamités ?

M. de Lamartine a jugé, avec cette intuition

profonde du génie secondé par un noble cœur,
quelles étaient les lois et les nécessités imposées par
un ordre de choses qu'il n'avait point souhaité,
mais dont la cause lui parut supérieure aux intrigues
et aux mauvaises passions au sein desquelles il avait
pris naissance. Étranger au délire de l'enthousiasme
et des haines qui fermentaient autour de lui, il at-
tendit avec calme et dignité le réveil de la raison publique. Grâce à lui, la France sait aujourd'hui que
le parti révolutionnaire a tort de prétendre au
monopole du patriotisme et des lumières, et que les
idées de la révolution ne sont pas moins fausses et
rétrogrades que les idées de la contre-révolution.
Témoin des efforts infructueux de la restauration pour
reconstituer des intérêts aristocratiques qui n'avaient
plus aucune légitime raison d'existence, M. de Lamartine n'eut qu'une pensée, initier la démocratie
aux idées de liberté, d'ordre, d'hiérarchie ; recon-
naître et constater toutes les supériorités *réelles* de la
société ; apprendre enfin à la propriété, à l'industrie
et à l'intelligence, à se connaître et à s'estimer réci-
proquement.

La tentative la plus impossible des ordonnances
de juillet, fut de prétendre restituer à la propriété
son ancienne et exclusive suprématie, et c'est à l'iné-
vitable réaction des intérêts injustement menacés que
doit être surtout attribuée la chute de l'infortuné

Charles X. Les véritables principes de 1830 ne sont autre chose que la réhabilitation du travail, et la consécration des influences nouvelles fondées sur les arts de la paix comme sur le progrès gradué de la civilisation ; enfin la manifestation de cette vérité triviale, quoique méconnue encore par des préjugés rebelles, qu'il ne peut plus exister parmi nous d'autres distinctions que celles qui résultent de l'éducation, de l'esprit, du savoir, du talent ou de la fortune.

Le caractère social plutôt que révolutionnaire des événemens de juillet fut admirablement compris par M. de Lamartine, et il pensa qu'un mouvement dont les auteurs appartenaient aux classes laborieuses et intelligentes de la société, devait avoir un développement pacifique. Il appuya donc sans hésiter la politique qui prit pour programme, la *non-intervention*, la *charte* et la *paix*, parce que cette politique était non-seulement la plus juste, mais encore la plus favorable au classement et à l'organisation des intérêts nouveaux que la guerre eût tous compromis.

Toute question dynastique ou révolutionnaire disparaît devant cette haute appréciation des besoins du pays; c'est le patriotisme le plus pur substitué à l'esprit de parti ; c'est la cause de la France et de la civilisation devant laquelle s'effacent les calculs de l'ambition, les regrets, les sympathies, les espérances ; c'est, en un mot, le triomphe de la raison et de la vérité sur les préjugés de la révolution et de la contre-révolution.

On dirait que M. de Lamartine s'est proposé de réhabiliter en politique cette devise trop méprisée par nos Machiavels modernes : *Fais ce que dois, advienne que pourra !* Telle fut et telle sera toujours la règle invariable de sa conduite ! Champion infatigable du principe monarchique et des prérogatives constitutionnelles de la couronne contre la coalition, il a retrouvé le même courage et la même fermeté pour combattre, au nom de la liberté, le projet des fortifications de Paris. Cette double résistance à l'étrange entraînement qui égara, dans ces circonstances, les meilleurs esprits, place M. de Lamartine, dans la chambre élective, à la tête du parti de l'ordre et de la liberté ! La France n'oubliera pas la promptitude et la sûreté de coup-d'œil avec lesquelles il a sondé les profondeurs mystérieuses de cette double énigme politique ; c'est cet instinct droit et pénétrant qui révèle l'homme d'état ; c'est par de telles épreuves que s'obtient la confiance d'un pays, et que l'éloquence exerce sur les esprits et sur les cœurs un empire irrésistible qu'elle emprunte à l'autorité du caractère de l'orateur autant qu'à l'admiration excitée par son génie.

Quelle a donc été l'attitude de M. Berryer dans ces mémorables débats où semblait attaché l'avenir de nos institutions représentatives. Nous gémissons de le rappeler ; M. Berryer resta muet ; sa politique lui ordonnait le silence,.......... toujours le silence!........... M. Berryer a beau frémir à l'idée d'un projet monstrueux de démence, il faudra qu'il étouffe ses émotions. Ce sacrifice lui est commandé par l'intérêt même de la cause qu'il a tant à cœur ; et l'exemple de M. de Brézé à la chambre a trop bien prouvé qu'il est des circonstances où l'on vient en aide à ses adversaires en les combattant ! Telle est la conséquence des partis pris irrévocables et des oppositions systématiques ! Il sera toujours permis à M. de Lamartine de défendre la fortune de la France, et M. Berryer ni M. de Brézé ne pourront rien tenter d'utile pour leur pays.

Les fortifications, qui s'élèvent autour de nous comme une menace redoutable, non pour l'étranger, mais pour l'ordre et la liberté, créent une situation nouvelle à tous les partis. Si les fortifications de Paris *fortifient* le parti de la propagande, la couronne ne sera-t-elle pas obligée, pour son salut comme pour le salut du pays lui-même, d'engager un duel terrible, qui ne nous offrira peut-être d'autre alternative que le despotisme royal ou le despotisme d'une nouvelle convention ? N'est-ce pas déjà le pressentiment d'un avenir plein d'orages qui a réuni dans une opposition commune, à la chambre des députés, M. de

Lamartine et M. Alexis de Tocqueville ; M. de Valmy, et M. Gustave de Beaumont ; les de Tracy, de Corcelles, de Lafayette avec les de Larcy et les Béchard ; enfin tous les hommes de la droite, des centres et de la gauche elle-même, qui portent au fond du cœur des convictions vraiment libérales ; et n'est-ce pas encore la même impulsion qui a rapproché instantanément à la chambre des pairs les Molé, les Montalembert, les d'Alton-Schée, les Noailles, etc., etc., qui se sont étonnés de voter ensemble.

Il y a, dans cet accord imprévu de plusieurs opinions opposées, un symptôme grave et de nature à provoquer de sérieuses méditations. Un horizon nouveau s'ouvre devant nos regards, et nous entrons dans une route inconnue et pleine d'embûches. M. Berryer restera-t-il sourd aux avertissemens qui lui arrivent de toutes parts ? Ne comprendra-t-il pas quels devoirs nouveaux lui sont tracés, et que, s'il persiste dans ses plans funestes, il se trahit lui-même et compromet ses intérêts les plus chers. En continuant de fomenter le désordre sous toutes ses formes, M. Berryer se rendrait complice de toutes les entreprises extra-légales que provoqueraient infailliblement les querelles de la monarchie et de la révolution ! Osera-t-il assumer sur sa tête cette terrible responsabilité ? ou plutôt n'arborera-t-il pas enfin son propre drapeau, prêt à repousser le mal, de quelque part qu'il vienne? Que M. Berryer s'abstienne encore, s'il le juge à propos, d'aller sur le terrein de M. de Lamartine, mais qu'il n'abandonne plus le terrein de ses principes, et qu'il s'unisse aux amis de la liberté contre les fauteurs de l'anarchie ou du despotisme.

Les élections prochaines seront décisives sur l'avenir de ces grandes questions. M. Berryer devra donc renoncer à ses alliances révolutionnaires, qui nous mènent droit à la tyrannie; ou bien s'il continue à s'entêter dans ce fatal système, les royalistes constitutionnels auront à choisir entre la politique carlo-républicaine, dont le régime conventionnel est la dernière expression, ou bien la politique libérale et toute française de M. de Lamartine, qui repousse avec une même énergie la tyrannie de la Convention et la tyrannie impériale.

A Dieu ne plaise que cette lutte contre nature se perpétue entre deux influences que tout rapproche et porte mutuellement à s'assister. M. Berryer a pu se faire l'illusion qu'il venait en aide au parti de la liberté, en soutenant la coalition; mais il ne lui est plus permis aujourd'hui de douter de son erreur. Quels sont les hommes qui ont proposé et qui ont combattu les fortifications de Paris? La France a vu à l'œuvre le libéralisme supérieur des adversaires de M. de Lamartine! Les fortifications de Paris sont filles de la coalition ; il serait donc glorieux pour M. Berryer de les répudier toutes deux ensemble, et de protéger contre leurs conséquences funestes et incalculables les amis de l'ordre et de la liberté.

PARIS. — COSSON, IMPRIMEUR DE L'ACADÉMIE ROYALE DE MÉDECINE,
Rue Saint-Germain-des-Prés, 9.